地藏九華垂迹圖
지장구화수적도

지장왕보살 김교각

우리출판사

중국 구화산 육신보전에 모셔진 지장왕보살 김교각 스님의 형상으로
신라에서 데리고 갔다는 흰개(선청 혹은 신견, 지체)를 타고 있다.

地藏九華垂迹圖
지 장 구 화 수 적 도

지장왕보살 김교각

서 문

대장부가 세상에 나와서 적게는 한 가정이나 자기 고향을 빛내는 경우가 있고, 크게는 국가나 인류 사회를 빛내는 경우가 있다. 한 국가나 인류사회에 크게 이바지하는 바가 있으면 그는 위인으로 존경받게 되며, 심지어는 역사적 인물로서 천추만대에 그 이름이 남는다.

신라 왕족 출신으로서 일찍이 불교에 귀의하여 구화산을 중국불교 4대성지의 하나인 지장도량으로 일구어 자신이 지장왕보살로 추앙받으며 오늘에까지 이른 김교각 스님이야말로 전 인류의 스승이요, 자랑이다. 그분은 민족을 초월하고 교파를 뛰어넘은 위인이기에 더욱 우리의 자랑이요, 교계의 긍지가 아닐수 없다.

같은 시대를 산 시인 이태백은 〈지장보살찬〉을 지어 지장 정신을 칭송하였고, 비관경은 지장의 전기를 써서 그 위업을 후세에 길이 전하였다. 스님의 법음이 일월처럼 높아 신라로부터도 많은 신도들이 운집하였다 하며, 산 아래 이성전은 오늘도 구화산을 찾는 이의 옷깃을 여미게 한다.

스님의 외숙 두 분이 조카를 모시러 갔다가 오히려 감화되어 수도정진한 끝에 그분들도 성인으로 추앙되어 매년 칠월 삼십일, 지장성도재를 올리며 그 끝나는 날로부터 지역 주민들의 민속제가 열리고 있다.

　금년은 김교각 스님 탄신 1300주년이다. 이를 기념하기 위하여 한·중 양국에서 여러 가지 행사가 치러지고 있는 가운데 이《지장왕보살 김교각》도 그러한 추모행사의 일환으로 우리출판사에서 출간되니 다행한 일이 아닐 수 없다. 스님이 태어나서부터 지장왕보살로 성불하는 전 과정을 그림을 통하여 흥미롭고 가벼운 기분으로 읽을 수 있다는 것은 불교을 알고자 하는 이의 좋은 길잡이가 될 뿐만 아니라 복잡한 현대 사회를 사는 우리들에게 크나큰 선물이 아닐 수 없다.

을해년 가을

동국대학교 교육대학원장

조　영　록

01

서기 696년, 신라 계림의 왕족 집안에 한 사내아이가 탄생하였으니 그의 부친은 김흥광으로 훗날 성덕대왕이 되었고 모친은 성정왕후가 되었다. 전하건대 이 아이의 처음 이름은 교각喬覺이며 학명은 수충守忠이다. 탄생할 때부터 그 풍모가 기이하고 복혜구족福慧具足하였다.

02

교각은 유년시절부터 총명하고 자애로웠으
며 학문을 즐겨 도를 깨달았다. 다른 왕가
의 자손들과는 달리 성실하며 교만하지 않
았고, 언제나 학문에 분발하였다.

03

수충은 독서를 좋아하였다. 특히 한문, 불
학佛學, 예의, 천문, 지리를 아주 좋아하여
이들 학문에 대한 자신만의 독특한 견해를
가지고 있었다.

04

청년 시절에 키가 7척이요 기골이 장대하니
그 힘이 능히 열 사람의 범부를 당할 만하
여[力敵十夫] 부모의 마음을 기쁘게 하였다.

05

당시의 신라는 망망대해를 사이에 둔 당나
라와 선린의 관계를 유지하며 교류가 빈번
하였다. 서기 714년, 성덕대왕은 수충을 당
나라에 숙위 학생(일종의 유학생)으로 보내어
학문에 정진케 하니 그의 나이 18세 때의
일이었다.

06

당 현종이 왕자 수충을 대하매 사람됨이 크
고 기골이 장대하며 몸가짐이 출중하니 먼
저 숙위를 받아들이고 후에 대감직大監職에
봉했다.

07

현종은 또한 친히 수충을 접견하고는 수충
을 총애하여 조당祖堂에서 연회를 베풀었으
며, 머물 집과 비단을 하사하였다.

08

수충은 당의 수도 장안성을 유람하였다. 둘레가 7십 리에 달하는 장안성은 천하 제일의 성도라는 이름에 걸맞게 고매한 기풍이 감돌았으며, 온갖 새로운 학문과 문명이 번창하고 있어 수충을 흥분시키기에 충분했다.

09

수충은 학문을 즐기면서도 널리 교분을 맺
었다. 그의 허심탄회한 성품은 이내 친구들
을 끌어당겼고 그들로 하여 수충은 많은 지
식을 습득할 수 있었다.

10

수충은 낙양의 백마사白馬寺를 방문하여 예
를 다하여 고승高僧을 친견했다. 불법佛法의
진리를 토론했던 이때의 여행은 수충에게
깊은 인상을 남겼다.

11

수충은 또한 하남성의 숭산崇山 소림사少林寺
를 찾아 달마선실을 참관하였다.
그리고는 마침내 불법에 대해 깊이 고찰하
기에 이르렀다.

12

수충은 소림사의 고승을 찾아뵙고 서로 예
물을 교환하였다.

13

717년 4월, 당 숙위 4년만에 수충은 모친
의 급전을 받고 고국 신라에 돌아왔다.

14

이때 신라는 왕실의 암투가 격렬하였다. 그
의 부친 성덕대왕은 모후 성정왕후를 폐하
여 사가에 머물게 하고 그의 큰 아우인 중
경을 태자로 책봉하였다. 수충은 궁 밖으로
쫓겨났다.

15

당에서 돌아온 뒤로 수충은 마음의 평정을
찾지 못하고 그의 모친과 서로 의지하며 지
냈다.

16

수충은 당에서 보낸 4년여 동안의 숙위생
활을 떠올렸다. 시서예의詩書禮儀나 삼교구
류三敎九流의 가르침을 생각해 보면 궁중에
서의 참담한 암투는 크게 각성해야 할 일이
었다.

17

수충은 오로지 불법만이 고난을 이겨낼 수
있다고 여기고 불법에 귀의하기로 마음먹
었다. 그는 자신의 모친을 속이고 절로 들
어가 삶의 해탈을 탐구하기 시작하였다.

18

수충이 마침내 한 사찰에서 출가하니 그는
이름과 성을 숨기고 다만 법호를 지장地藏
이라 하였다. 그는 죽는 날까지 불법의 진
리를 깨닫기 위해 큰 서원을 세우고 정진하
였다.

19

719년, 지장은 행장을 수습하여 '흰 개' 地
諦와 함께 상선을 타고 거친 풍랑을 헤치며
당나라로 다시 향했다. 이상적인 수행의 땅
을 찾아나선 것이었다.

20

수충이 탄 상선은 절강성의 보타산普陀山
근처에 이르러 거센 풍랑을 만나 잠시 정박
하게 되었다. 지장은 부근의 어민들이 사는
민가에 숙소를 정하였다.

21

그날 밤이었다. 밤이 이슥해지자 문 밖이 소란스러워지더니 덜컥 방문이 열렸다. 해적이 침입한 것이었다. 해적은 모두 네 명이었는데 행동이 흉폭하기 그지없었다.

22

지장은 부드러운 말로 그들을 설득하였다.
그러나 해적들은 끝내 지장의 말에 복종하
지 않았다. 지장의 무술을 알 까닭이 없는
해적들이었다. 마침내 지장은 악을 제거하
고 선을 펴고자 마음 먹고 힘을 쓰니, 땅바
닥에 널브러진 해적들은 한 놈도 다시 일어
나지 못한 채 신음소리만 내뱉고 있었다.

23

지장은 측은한 마음이 들지 않을 수 없었다. 지장이 해적들을 불러모아 불법의 진체를 쉽게 깨우쳐 주니 그들의 얼굴에는 부끄러워하는 빛이 역력했다. 해적들이 크게 깨달아 다시는 못된 짓을 하지 않을 것을 안 지장은 그들을 풀어주었다.

24

풍랑이 가라앉자 지장은 다시 수행길에 올랐다. 마을 사람들은 그 며칠 사이 지장의 인품과 선풍仙風을 흠모하게 되었다. 사람들은 마을 멀리에 있는 포구까지 따라나오며 지장과의 작별을 아쉬워했다.

25

뱃머리가 거친 바다 물결을 가르기 시작하더니 얼마 가지 않아 절강성의 항주杭州에 닿았다. 항주에는 금화 만불사金華萬佛寺가 있었다. 만불사는 불법을 수행코자 하는 승려들이면 누구나 찾는 절이었다. 지장은 지체없이 만불사에 머물면서 몰아지경에 들었다. 지장이 경을 읽고 널리 법을 펼치니 만불사에는 더욱 많은 승려들이 모여들었다.

26

지장이 있는 동안, 만불사는 불법이 크게
일어나고 도풍이 진작되었다. 아녀자의 무
리들까지도 제자가 되기를 원했으나 지장
은 단지 승려들에게만 자비를 베풀었다.

27

어느 날 좌선에 몰입되어 있던 지장은 홀연, 한 꿈을 꾸었다.
"이상적인 수행의 땅은 이곳처럼 번화한 도시에 있는
것이 아니니라. 마땅히 심산유곡에 있을 것인즉 그 산
은 높고 신령한 기운을 가졌으며, 청정하고 청량한 기
운을 가졌느니라."
꿈에서 깨어난 지장은 문득 깨달음을 얻어 크게 기뻐했다.
"더 이상 만불사에 머물지 않으리라."

28

지장은 다음날 만불사를 나왔다. 꿈에서 본
듯한 길을 따라 동東으로 동으로 길을 재촉
했다. 울창한 수림이 앞을 막아서는 산과
깎아지른 절벽이 버티고 있는 준령을 넘어
야 했다

29

어느덧 절강성의 봉황산鳳凰山을 지나쳤고.

30

길을 잃어 헤매던 끝에 휴령休寧의 제운산
齊雲山을 넘었다.

31

휴령에서 다시 길을 재촉한 지장은 장강
(양자강)변 귀지貴池의 만라산萬羅山을 지나
쳤다.

32

장강의 거센 물살을 힘들게 거슬러 올라온 나룻배는 귀지의 석문촌石門村에 이르러 마침내 닻을 내렸다.

33

오랜 선상 여행에 지친 지장은 석문촌에서
하선했다. 그곳에는 처사處士 고제高齊라는
사람이 있어 추앙을 받고 있었다. 지장은
고제와 친교를 맺어 오랫동안 석문촌에
머무르며 소석묘小石廟에서 시를 짓기도
했다.

34

그러면서 지장은 자기가 찾는 영산에 대한 이야기를 자주 했다. 처음에는 지장의 뜻을 못본 척하던 고제도 마침내는 그의 정성에 감동하여 한 곳을 가르쳐 주었다. 그곳은 동쪽으로 더 내려간 곳에 위치한 구화산九 華山이었다.

35

지장은 곧바로 고제를 작별하고 구화산으
로 가기 위해 길을 떠났다. 밤낮을 가리지
않고 산을 넘고 물을 건너 헤매던 끝에 지
장은 구화산 북쪽의 노전老田 고을에 도착
할 수 있었다.

36

지칠 대로 지친 지장은 주저없이 고을에서
가장 큰 집으로 들어섰다. 노전 고을의 오
용지吳用之는 처음보는 중이건만 지장에게
먹을 것을 주고 잠자리를 제공하였다. 다음
날 지장이 구화산을 찾아온 까닭을 이야기
하자 오용지가 빙그레 웃으며 민양화閔讓和
를 찾게 하니 지장은 크게 감격하여 〈수혜
미酬惠米〉라는 시를 지어 오용지에게 답례
하고 산으로 올랐다.

37

오용지가 말했던 민양화의 집은 한나절이
지나서야 도착할 수 있었다. 구화산의 험한
계곡을 올라가 마을로 들어서니 민양화 부
자父子가 지장을 맞이했다.

38

지장은 민양화의 집에서 며칠을 머물렀다. 그러던 어느 날, 민양화가 물었다.

"무엇을 구하시는지요?"

"내가 천 리를 마다않고 구화산까지 달려온 것은 널리 불법을 펼칠 적당한 땅을 찾기 위함이었소. 내 몸을 의 지할 가사자락 정도나 덮을 수 있는 땅이면 되겠소."

"그거야 못 구해 드리겠습니까?"

그때였다. 지장이 가사자락을 펼치니 구화산 전체가 가 사자락에 덮여버렸다.

39

순간, 민양화는 크게 깨달은 바가 있었다.
신을 희롱하는 듯한 고승의 불법이 광대무
변함도 알 수 있었다. 민양화는 그 자리에
서 자신의 아들을 출가시켰으니, 그가 바로
도명화상道明和尙이다. 뒤에 민양화 또한 속
세를 등지고 지장의 제자가 되었다.

40

민양화가 비록 구화산 전부를 시주하였다고
는 하나 아직은 진리의 깨달음을 외면한 채
바람을 막고 하늘을 가릴 절집을 구할 때가
아니었다. 지장은 험한 산과 계곡을 넘어
노호동老虎洞의 동쪽 골짜기로 향했다. 산꼭
대기 바로 아래에 양지 바르고 평평한 곳이
나타났는데 거기에는 한 사람이 생활하기에
알맞을 정도의 동굴이 있었다. 동굴로 들어
간 지장은 면벽한 채 참선에 들어갔다.

41

지장이 동굴 안에서 고되게 수행을 하니,
그의 무념무상의 참선은 독사도 어쩌지를
못했다. 전해오는 말로는 산신이 지장의 정
성을 의심하여 그를 시험하느라 아리따운
여인을 보냈다 한다.

42

여인은 온갖 교태를 부리며 백방으로 그를
유혹했다. 하지만 지장은 불호만을 염할 뿐
마음에 동요됨이 조금도 없었다.

43

마침내 여인은 옷을 벗고 목욕을 하였으며,
근처에는 독사가 우굴거리기 시작했다. 그
러나 지장의 태도에는 일말의 흔들림도 보
이지 않았다.

지장의 마음은 반석과 같았다. 비로소 산신
이 감동하여 영약과 샘물을 주니, 지장은
합장하여 감사한 마음을 보였다.

45

지장은 사부대경을 귀중하게 생각하였다. 하지만 산중에는 사부대경의 필사본이 없어 이를 구하기가 쉽지 않았다. 지장은 친히 백 리 밖의 남릉南陵으로 나아가 이를 필사하고자 하였다. 사부대경四部大經이란 《무량수경》, 《관무량수경》, 《아미타경》, 《고음성다라니경鼓音聲陀羅尼經》 등을 가리킨다.

46

이때, 제자 남릉학사南陵學士 유탕俞蕩이 있
었다. 유탕은 멀리 이국에서 온 지장을 흠
모하여 따랐다. 유탕이 지장의 뜻을 알고는
흔쾌히 남릉으로 나아가 사부대경을 필사
하여 바치니 지장은 비로소 보배와도 같은
경전을 얻을 수 있었다.

47

지장은 동굴에서의 고된 수행을 멈추지 않
았다. 하루는 밖으로 나와 멀리 남쪽을 바
라보니, 자욱한 구름에 싸인 채 하늘로 솟
아있는 천대봉天臺峰이 마치 선경과도 같았
다. 지장은 흰개를 데리고 천대봉으로 올랐
다. 천대봉 배경대拜經臺의 끝에 이른 지장
의 입에서는 경이 읊어지고 있었다.

48

지장은 고된 수행을 멈추지 않으며, 항상
정성을 다하여 경을 읽고 정신을 가다듬었
다. 마침내 그의 정성은 관세암보살을 감동
시켰고 관세음보살은 그의 앞에 현신해 경
을 듣기도 하였다.

49

어느 날은 대붕大鵬마저 날기를 멈추고 지
장의 경 읽은 소리를 들었다.

50

구름 위에 뛰놀던 청룡도 머물러 지장의 경
읽는 소리를 들었다.

51

지장이 49천天의 부처들께 절하며 경을 읊음이 끊이질 않으니, 석가여래조차도 시간이 지나감을 잊고 있었다.

52

지금도 배경대에는 깊게 파인 지장의 두 발
자국이 남아 전해지고 있어 그의 자취를 길
이 남기고 있다.

53

하늘이 조화를 부리고 귀신이 다듬었음인
가. 본래 관세음보살이 경을 듣던 곳에는
하나의 옥석이 늘씬한 자태를 보이며 길게
솟아올랐고, 사람들은 이를 관음석이라 부
르고 있다.

54

대봉이 날개를 접었던 곳에는, 벼락에 맞아 깍인 듯 가파른 절벽으로 솟았는데 한 마리의 매가 금방이라도 날개를 펼 듯한 형상으로 천대봉의 위용을 떨치고 있는데 이는 노응배벽 老鷹扒壁 이라 불렀다.

55

청룡이 경을 듣던 곳에는, 과일이 매달린
듯 신묘하고 위태롭게 솟아오른 암벽이 마
치 촛대에 불을 밝힌 형상을 하고 있다. 이
납촉봉蠟燭峰의 꺼지지 않는 촛불은 영원히
지장도량에 밝은 빛을 비출 것이다.

56

지장이 우러러 경을 염하던 아름다운 이야
기를 기리기 위하여 후세 사람들은, 납촉봉
남쪽 정상에 웅장한 천태사天台寺를 지었
다. 천태사는 1천 년을 향연에 싸여 그 맥
을 유지하고 있다.

57

천태사 앞에는 구화산 최고봉인 시왕봉十王
峰이 솟아있는데 해발 1342m에 달한다.

58

어느 날 지장이 흰개 지체地諦를 데리고
산 속에서 길을 찾고 있었다. 홀연 사납게
울부짖는 산짐승의 소리가 들려왔다. 그때
였다.
"살려주세요!"
어린아이의 비명소리가 거듭 들려왔다. 지
장이 정신을 가다듬어 바라보니 호랑이 한
마리가 마악 아이를 삼키려 하고 있었다.

59

지장은 지체없이 호랑이에게 몸을 날렸다.
흰개 지체도 동시에 호랑이한테 달려들었
다. 순식간의 일이었다. 그 사납던 호랑이
는 기운 한번 못쓴 채 바위에 매달렸다. 사
람들은 후에 이 바위를 석호봉石虎峰이라
하였다.

60

목숨을 건진 어린아이는 귀지의 석문촌에
사는 고아로 겨우 13살이었다. 지장이 불쌍
히 여겨 거두고자 하니 아이는 그의 뜻을
따라 제자가 되었다.

61

동자는 지장의 보살핌을 받으며 천진난만
하게 생활했다. 언제나 그림 그리기를 좋아
하며 즐겁게 지냈다.

62

그러나 너무 어린 동자로서는 산 속의 적막
함을 참기가 어려웠다. 얼마 지나지 않아
동자가 하산할 것을 청하니 지장은 청을 물
리칠 수가 없었다. 지장은 시 한 수를 지어
서 동자를 전송했다.

63

지장은 수행하는 동안에도 일하기를 멈추지 않았다. 제자 승유 등을 이끌고 물길을 만들고 수전水田을 개간하였다. 지금도 화성사 계곡에는 계곡의 물을 끌어들여 논밭이 가득하고 그 물로 방생지放生池를 가득 채우고 있다.

64

지장은 몸을 돌보지 않고 힘써 개간에 나섰
다. 그의 간절한 정성은 그칠 줄을 몰랐다.

65

지장은 화성사 계곡에 황립도黃粒稻를 시험
적으로 재배하는 데 성공하였다. 황립도는
밥을 하면 색깔이 누런 벼로, 도톰하여 향
기가 그윽했다. 산 속의 사람들은 기뻐 어
쩔 줄을 몰랐다. 전하는 말에 의하면 황립
도는 지장이 신라에서 가져온 것이라고
한다.

66

지장은 또 산꼭대기에 금지차金地茶를 심었
다. 지금까지도 금지차는 질이 아주 좋은
녹차로 인정받고 있는데, 이것 역시 신라에
서 가져온 것이라 전해지고 있다.

67

지장은 제자들을 거느리고 향림봉香林峰 아
래의 백선혈白蟮穴에 머물렀다. 먹을 것이
부족하자 지장은 하얀 백토를 구하여 감로
수로 밥을 지어 대중들을 공양하였다. 오랜
동안 여름에는 흙으로 밥을 지어 먹었고 겨
울에는 모닥불로 옷을 삼아 지내는 등 간고
하게 지냈다.

68

지장은 대중들을 교화하였다. 대중들은 모
두가 마음에 큰뜻을 품고 각고의 수행을 지
속하였다. 갈수록 힘든 생활이었지만 대중
들은 더욱 견고한 마음으로 수행에 정진하
였다.

69

지장은 전다봉剪茶峰을 찾아 주민들에게 살
생을 하지 말며, 익조益鳥를 보호하여 멀리
하지 말 것 등을 설하였다.

70

당 지덕 연초(756년) 청양현의 제갈절이 산
에 올라왔다. 제갈절은 동쪽의 석굴에서 참
선에 들어있는 한 노승을 볼 수 있었다.

71

제갈절은 놀라 가까이 다가가서 자세히 보
았다. 어두침침하고 습기가 가득한 석굴 안
에는 다리를 접을 수 있는 쇠솥이 하나 있
었는데, 그 안에는 백토가 가득했고 드문드
문 쌀이 섞여 있었다. 그것을 본 제갈절은
크게 감동하여 그 자리에 무릎을 끓었다.

72

제갈절 등은 단공의 옛 땅에 절을 지을 것
을 청했다. 지장은 이를 수락하였다. 이 소
식을 들은 사람들이 불사에 참여하기 위해
사방에서 몰려들었다. 그들이 터를 다지고
나무를 벌목하여 절을 지으니, 드디어 수행
의 도량이 그 모습을 드러내기 시작했다.

73

마을 모든 주민들과 대중들의 노력에 힘입
어 불사는 순조롭게 진행되었다. 이윽고 지
장은 승유 등의 제자들을 이끌고 친히 본당
을 올리니 구화산 화성사化城寺가 마침내
완성되었다.

74

지주池州 태수太守 장암張岩이 지장의 고고
한 기품을 추앙하여, 많은 재물을 보시하였
다. 또 조정에 상주하니 '화성사' 라는 편액
을 내렸다.

75

지장은 가르침에도 게으르지 않았다. 연좌
암晏坐岩에 있을 때에는 승속들이 경을 청
하기를 멈추지 않았다. 지장은 경을 담론
하며 도를 논함에 있어 승속들에게 대자대
비한 마음을 가져 악을 짓지 말 것을 설하
였다.

76

지장이 전다봉에 있을 때에는 늘 객들을 불
러 삶의 철학을 이야기했고 불법의 진체를
펼쳐 보였다.

지장은 또한 나한봉에 있을 때에도 자명계
곡에 온 객들을 불러, 경을 설하고 불법을
널리 전하기를 하루도 쉬지 않았다. 사방에
서 몰려든 신도들은 지장의 지극한 정성에
감동하여 깨닫지 않은 자가 없었다.

78

전해오는 말에 의하면 신라에서 온 사자 소
우昭佑, 소보昭普는 지장의 숙부들이었다.
그들은 구화산에 파견되어 지장의 환국을
권하였다. 그러나 지장이 두 숙부에게 경과
도를 설파하니 마음으로 움직이고 예로써
깨우칠 수 있었다.

79

두 숙부는 매우 감동하여 돌아가지 않고 구
화산에 남아 지장을 도와 도량을 건축하였
다. 두 숙부가 죽은 뒤 사람들은 이성전二聖
殿을 지어 그 뜻을 기렸다.

80

전해오기를, 지장의 모친이 바다를 건너 천
리 길을 마다않고 구화산을 찾아왔다. 모친
의 도착 소식을 들은 지장은 만감이 교차하
였다. 땅바닥에 꿇어 큰절을 올린 지장은
오랜 동안 일어날 줄을 몰랐다. 지장의 모
친은 아들에게 함께 돌아갈 것을 청했다.
그러자 지장은 모친에게 말하기를 "지금 떠
난다 하여도 바다를 건널 수 없을 것이옵니
다." 하였다.

81

모친이 감정을 이기지 못해 삼일 밤낮을 울
며 보내니 눈이 보이지 않았다. 지장이 크
게 모친을 숭앙하여 매일 화성사 앞의 우물
에서 물을 길어 눈을 씻어주니, 마침내 다
시 볼 수 있게 되었다.

82

모친이 죽자 사람들은 지장의 모친을 기리기 위하여 우물을 만들고 한 보탑을 세웠다. 후에 사람들이 우물은 명안천明眼泉이라 했으며, 탑은 낭랑탑娘娘塔이라 불렀는데 지금까지도 전해오고 있다.

83

당 정원貞元 10년(서기 794년), 지장은 세수 99세를 맞이했다. 7월 30일, 지장은 대중들을 불러놓고 홀연히 세상을 떠났다.

84

당나라 사람 비관경費冠卿은 지장이 입적할
당시 "산에서 돌이 굴러 떨어졌으며, 화성
사의 종은 아무리 쳐도 소리가 나지 않았
다."고 기록하고 있다.

85

지장의 육신은 가부좌한 채 석함에 안치되었다. 3년
후 석함을 열어보니, 얼굴색이 살아있을 때와 변함이
없었고 뼈마디에서는 금반을 흔드는 듯한 소리가 났
다. 불경에 이르기를 이런 소리가 나면 보살이라 하
였다. 대중들은 이를 보고 지장의 영령이 다시 돌아
온 것으로 믿었다.
그리하여 중국에서의 지장보살이 생겨난 것이니 그의
속성은 김씨이며, 이름은 지장이라 한다. 대중들은 김
지장의 육신에 금분을 입혀 삼층석탑에 안치하였다.

86

삼층석탑을 세우자 원광이 휘황하게 일어
하늘이 오색찬란했다. 그런 연유로 이 고개
를 신광령神光嶺이라 불렀다. 뒤에 사람들
은, 탑 위에 전을 세우고 앞에는 81개의 돌
계단을 만들었다. 이 탑이 지금의 육신보전
肉身寶殿이다.

87

김지장은 구화에 도착한 뒤, 불법을 이루어
보살이 되었으니 중국 불교사에 있어서 유
일하게 스스로 보살이 된 이다. 당나라 때
에는 지장보살상만 홀로 있었으나, 당 이후
에 김지장의 양쪽에 도명화상과 민공의 상
도 함께 세워졌다. 중국의 지장신앙은 매우
성盛한데, 이는 중국 사람들에 의해서 영웅
화된 것이다.

지장이 구화에 도량을 이루고 고행으로 도
를 이루니 사람들은 그의 행적에 감동하였
다. 조정과 황제도 감동하여 명나라 때에는
은을 하사하여 절을 수선했으며, 장경을 내
려 경배하게 하였다.

89

명 숭정제崇禎帝가 편액을 내려 '위선최락
爲善最樂'이라 하였다.

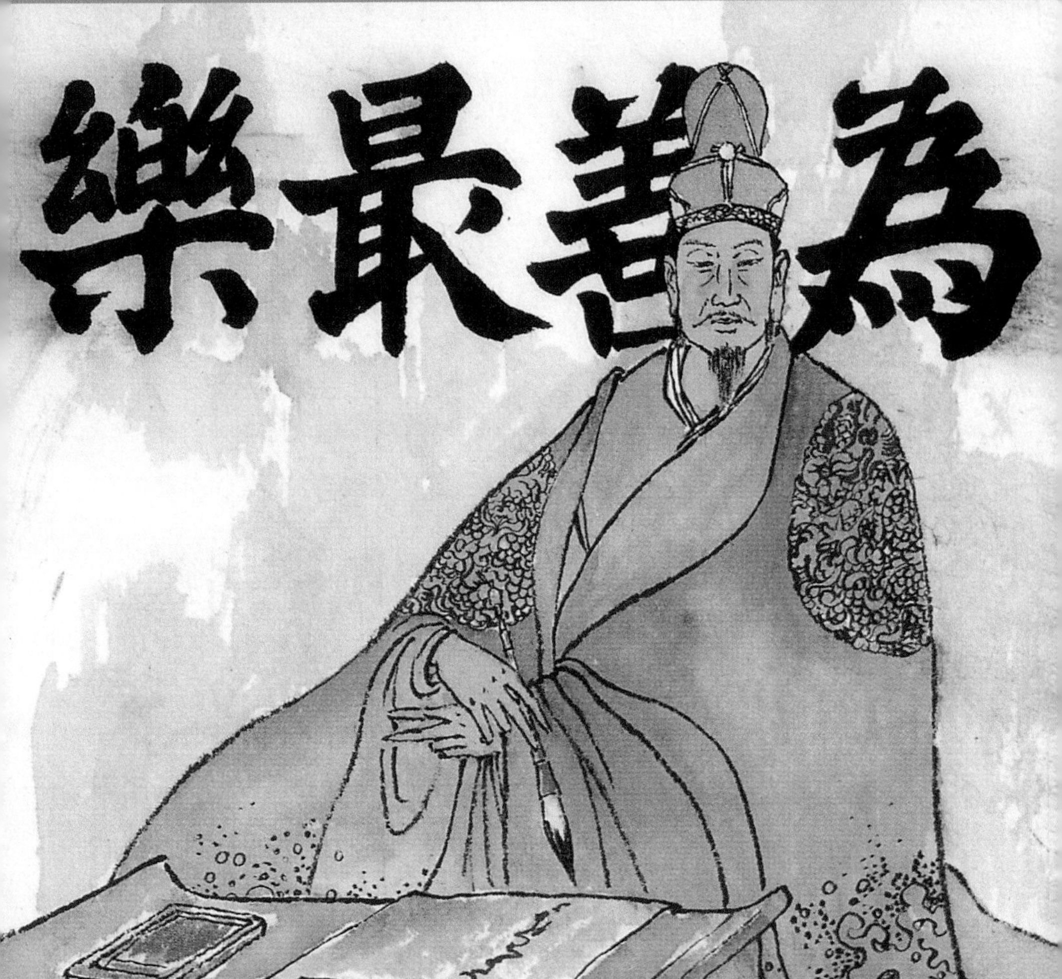
爲善最樂

90

청 강희제康熙帝가 '구화성경九華聖境'이란
편액을 내렸다.

九華聖境

91

청 건륭제乾隆帝가 '분타보교芬陀普敎'란
편액을 내렸다.

芬陈普教

92

당대 시인 이백은 구화에 세 번을 올라 지
장을 기리기 위한 시를 지었는데, 〈지장보
살찬地藏菩薩贊〉이라 한다.

93

송나라 시인 진암陳岩의 〈김지장탑의 시〉에는,
"여든네 개 돌 층계 층층이 뻗치고,
탑 위의 풍경소리 반공에 울리네.
오백 년을 넘어 있는 지장의 무덤이 예 있어,
뭇사람들은 저마다 꿈길을 더듬누나."
라고 하였다.

八十の級山坂石ろゝ

余年地藏

風攝塔鈴るゝ年

語窓八部向

中門

94

역대 문인들이 쓸쓸히 찾아와 여러 형식의
글로 지장의 고풍함을 노래했다.

95

당나라 때부터 현재에 이르기까지 역대 고
승들이 분분히 구화산을 찾아 절하여 예를
표했다.

96

시승詩僧, 화승畵僧들이 시를 읊고 그림을
그려, 지장의 덕행을 칭송하였다.

97

중화민국 시대에는 중국의 유명한 홍일대사
가 〈지장보살수적찬地藏菩薩垂迹贊〉을 지어
지장의 도를 칭송하였다. 찬에 이르기를,
"험한 물결, 거센 바람, 대자대비한 일생,
세상 사람들을 위해 살으셨도다."
라고 적고 있다.

98

일천 년 이래 구화산의 향기로움은 왕성했으며, 그 은은한 향연이 스러지지 않았다. 명·청 때는 구화산을 '향화갑천하香火甲天下'라 하였다. 지금도 구화산에는 불사의 향불이 멈추지 않으며, 불법의 기풍이 서려 있다.

99

지금 구화산에는 84개의 절이 들어서 있다. 국가 중점보호사찰이 9개, 성급省級 보호사찰이 30개소에 이르러 국제적인 불교 도량이 되었다.

100

한국에서도 여러 형식으로 대사의 공덕을 기리고 대사의 고풍高風을 음송한다. 당나라 때부터 신라·고려의 사자나 승려들이 분분히 구화산에 이르렀고, 근래에 이르러 한국불교에 구화산 열기가 일고 있다.

101

김지장의 덕행은 구화산에서 대대로 전파
되고 계승되면서 고승을 배출하였다. 명대
부터 지금까지 여섯 분의 고승이 성불을 이
루어 육신불의 과果를 얻었다.

명대에는 무가선사가 법력을 크게 떨쳤으
며, 자명선사의 진신은 금분을 입혀 봉공
하였다. 그들의 법륜은 후인들에게 계승되
었다.

地藏王菩薩

中國大九華山

102

지장의 정신은 영원하여라!

지장 구화 수적도
지장왕보살 김교각

1995 (불기2539)년 11월 21일 초 판 1쇄 발행
2018 (불기2562)년 12월 11일 개정판 1쇄 발행

옮긴이 · 편 집 실
그림 · 한상린 김선형 이인 유근택
발행인 · 김 동 금
발행처 · 우리출판사

서울특별시 서대문구 경기대로9길 62
☎ (02) 313-5047, 313-5056
Fax. (02) 393-9696
wooribooks@hanmail.net
www.wooribooks.com
등록 : 제9-139호

ISBN 978-897561-337-1

---

* 잘못 만들어진 책은 교환해 드립니다.
정가 10,000원